Had I Been Born a Stone
내가 돌멩이로 생겨났다면

Aekyoung Lee Large
A versatile educator, certified to teach both English and ESL in K12 US public school. She served as a member of the curriculum planning team for the original Gyeonggi English Village. She has provided interpretation and translation services for a variety of projects, including conducting seminars and classes on the climate crisis and refugees and others. Dedication and adventure provide her joy in life and work. The primary feature of each is variation, informed by deep study and determined practice.

Had I Been Born a Stone
내가 돌멩이로 생겨났다면

Special Edition, October 20, 2025

Author: Choi Ji-In
Translator: Choi Ji-In
Publisher: Park Inae
Korean Editor: Park Inae
English Editor: Aekyoung Lee Large
Typesetting: Kongbori
Published by Gureumbada
Registered October 31, 2017
Address: 301, 109-1, Noeulbit-ro, Paju-si, Gyeonggi-do, Republic of Korea
Tel: +82-31-8070-5450
Email: freeinae@icloud.com

ⓒ Choi Ji-In, 2025
ISBN 979-11-92037-16-5 03810

· This book was published with support from
  Gyeonggi-do and the Gyeonggi Cultural Foundation.
· No part of this book may be reproduced in any form or by any means
  without prior written permission from the copyright holder and the publisher.
· Price is printed on the back cover.

Had I Been Born a Stone

A collection of new poems by Choi Ji-In
Edited by Aekyoung Lee Large

내가 돌멩이로 생겨났다면 최지인

표지에 있는 작품은 SINA 작가가 그렸다. 그는 시집 속 이야기를 목탄화로 표현했다. 제목은 〈Soil I〉이고, 크기는 가로 21센티미터, 세로 29.7센티미터이다.

철조망이 흙바닥에 깊이 박혀 있다. 그 너머는 끝없이 이어진 황무지다. 고요한 적막이 흐른다. 메마른 땅을 뚫고 풀 몇 포기가 피어 있다. 표지의 바탕은 남색이고, 그림은 표지 상단에 놓여 있다.

표지 하단에는 영문과 국문으로 제목과 저자 이름이 적혀 있다. 가운데 놓인 가느다란 흰색 가로선이 두 언어를 구분한다. 노랑 글씨로 'Had I Been Born a Stone'이 크게 적혀 있고, 그 아래 흰 글씨로 'A collection of new poems by Choi Ji-In'과 'Edited by Aekyoung Lee Large'가 작게 적혀 있다. 가로선 아래 흰 글씨로 '내가 돌멩이로 생겨났다면'과 '최지인'이 나란히 놓여 있다. 오른쪽 아래 출판사 '구름바다'의 로고가 있다.

이 시집이 오디오북 혹은 점자 도서로 만들어질 때 표지 디자인을 전하고자 부족하지만 짧은 설명을 이 면에 적는다.

Cover art is created by SINA, who expressed the themes of this collection in charcoal. The cover drawing titled *Soil I* measures 21×29.7cm.

The image is chain link wire fence set deep in soil. Beyond it stretches an endless wasteland in silent desolation. A few blades of grass pierce the dry ground. The surrounding color is blue gray.

Below the cover drawing appears the book title (yellow): *Had I Been Born a Stone*. Double linespace below, text print following is white: *A collection of new poems by Choi Ji-In, Edited by Aekyoung Lee Large*. A thin white line separates English above from Korean below. Next line, 내가 돌멩이로 생겨났다면 (title), 최지인 (author) and 구름바다 (publisher logo) at bottom right.

This note describes the cover design details for future audiobook or braille editions.

시인의 말

길거리에서 만난 도인(道人)은 내 얼굴을 빤히 들여다보며 살아 있으면 덕을 더 쌓을 수 있다고 했다.

2025년 10월
최지인

Poet's Note

I met a sage on the street. Looking into my eyes, he said, Grow older; you'll become more virtuous.

October 2025

Choi Ji-In

Contents

Sketch 스케치	10
Living 사는 일	12
Soil 흙	18
Thinking of the South 남쪽 생각	28
cigarettes after work	32
21st Century Boy 21세기 소년	38
Peak 산정에서	42
Flash 플래시	46
Border 국경에서	48
Metamorphosis 변신	52
Weeds in the Wind 풀과 바람	56
One Who 한 사람이	64
Daylight Dream 낮의 꿈	68
Recovery 회복	78
Globalization 세계화	84
Afterword by Jack Large 추천의 말	88

스케치

삼십 대 남성이 아파트 신축 공사 현장에서 떨어져 숨졌다.
얼마 전 지나간 곳이다.

용서는 인간의 몫이 아니다.

가장 큰 고통이 작은 고통을 가릴 뿐이다.

방바닥이 어둠에 잠겨 있다.
들끓는 구더기는 사람의 몸이 자기만의 것이 아니라는 것을 증명한다.

내가 모르는 곳에서 나로 인해 죽임당하는 목숨이 있을 것이다.

굽어진 소나무 옆에 탑을 쌓는다.
작고 단단한 소원들

굽은 몸이 할 말이 있는 것처럼 걸음을 멈춘다.

Sketch

A man in his 30s fell to his death at an apartment work site.
I had walked by not long before.

Forgiveness is not ours to give.

The greatest pain only conceals the smaller.

Crawling maggots prove a body is not one's own
veiling the floor
in darkness.

Somewhere, a life may end because of me.

Beside a bent pine, I build a cairn—
small, firm wishes.

A bent body pauses, as if to speak.

사는 일

나는 어디서 와서
속절없이 보리방아를 찧고
보리방아를 찧고
하염없이
하릴없이

사람들 앞에서
지나치게 웃다가 혼자가 되면 지나치게 울었다 몸이 아파서 포기하는 것이 많았고

불심 강한 할머니는 날 위해 정안수 떠 놓고 정성을 들였다
도망하는 밤
나는 이것밖에 안 되나

전쟁통에 태어난 어르신은 앞날이 캄캄하다며 말문을 열었다
쪽방에는 할 말이 있어 비가 내리고
어항 속에 갇힌 것들아
문고리 붙잡고
당신 이야기를 토막토막 하는데

길이 멀고 멀어 오래오래 사색하는 나그네여

Living

Where did I come from
grind
grind
endlessly
without reason

Among others
I laughed too much when alone, cried too much, I gave up many
 things, body in pain

My faithful grandmother set out ritual water for me, prayed
Runaway night
I thought, is this all I am

An elder born of war opened his mouth, spoke, tomorrow no
 light. In a bedsit, much left unsaid—rain came
O you fish tank lives
gripping the doorknob
he began telling his story in bits

The long road growing; O wanderer in thought

구린내 나는 호수에서 자란 풀에선 풀 냄새가 납디다
나무 밑에 앉아
지나간 생 곱씹으며
뻐꾹 뻐꾹
봄이 가네

신은 사랑을 제대로 할 수 있을 때까지 계속 살라고 했다

시인이 말했지
목숨은 처음부터 오물이었다고*
이래도 살고 저래도 살고

섬사람이 말했지
인간은 거인의 주검 위에 살고 있다고
우리가 불길한 꿈을 꾸는 이유지

너는 이제 없는데
다들 그렇게 사는 줄 알았는데
왜 그렇게 사느냐고 물으면
뭐라고 해야 하나

weeds from a foul lake still smell like weeds

Under a tree

looking back on a life already lived

cuckoo cuckoo

spring slips away

God said keep living until you can love well

Life was filth from the beginning*

a poet said

still we live this way or that

An islander said

we live on the dead body of a giant

our dreams ominous

You are gone now

I thought everyone lived this way

when they ask why

I don't know what to say

두 손으로 너를 끌어안고 구급차를 불러 달라고 소리쳤다

우리가 죽고 죽일 때 세계는 침묵하고 있었다
죽은 자는 용서할 수도
이해할 수도 없고

어디에 있나요
반성하고 있나요

숲에서 숲을 바라보고 있다
이곳은 어지럽습니다 때때로 허망합니다

떠돌아다니는 새 떼처럼
계절을 잃은 새 떼처럼

---

* 최승자(1952~)

I held you, "Call an ambulance!"

When we kill and are killed, the world stays silent
the dead cannot forgive
cannot understand

Where are you,
do you repent

I look at the forest from inside the forest
reeling, sometimes hollow

Like directionless birds
Birds adrift

---

* Choi Seung-ja(1952~)

흙

공습이 시작되면
어느 쪽이든 몇 시간 만에
폐허가 될 것이다

고요가 묻는다
왜 떠나지 않느냐고

네가 사라지면 나는
무너지고, 세상이 단숨에
가라앉는다

구조는 늘 구조 바깥을 낳고
그곳에도 사람이 사는데
어쩔 수 없다고 한다

웅성웅성하는 소리
들려?
바람 부는 소리
북쪽에서
쇠 긁는 소리

Soil

When an air raid begins
either side, within hours
will be reduced to ruins

Silence asks
why I remain

If you are gone
I break down, the world
sinks at once

A system always dumps its own
There, people live
A system says, "FIFO"*

Can you hear
the murmuring
The sound of wind
from the north
the sound of scraping metal

나의 도시는 점령과 탈환이 거듭되는 곳
붕괴가 붕괴를 건설이 건설을
반성하지 않는 곳

빈곤과 불평등과 착취와 폭력에 대하여
전부를 잃고도 계속 살아가는 사람에 대하여

견디는 밤과
깊이를 알 수 없는 컴컴한 강이여

돌무덤은 기도와 같은 것
누구도 손대서는 아니 되는 것

말로는 마음을 다 전할 수 없고
그래서 마음은 알 수 없는 것

*

죽은 새가 고무 대야에 동동 떠 있다
부리를 박고서
흰나비가 호박잎에 앉았다 간다

My city repeats occupation and recapture
Collapse breeds collapse, construction construction—
never looks back

Of poverty, inequality, exploitation, violence
of those who lose all and go on living

O enduring night
O river, depthless dark

A stone mound, a prayer
untouched by any hand

Words cannot carry the whole heart
so the heart stays unknowable

*

A dead bird bobs, bobs in a rubber basin
its head half sunk
A white butterfly lands on a pumpkin leaf, then is gone

검누런 액체가 반쯤 차 있는
페트병을 베고 태아처럼
웅크린 사람
나는 가난을 탓하지 않는다

현실로부터 재구성된
이미지들 그것은 얼마나 나를
아득하게 하는가 실패함으로써
텅 빈 낱말들

*

아버지는 시위대에 합류할 기세다
그 앞을 할머니가 가로막고 밖에서 외침이 쟁쟁하고
막는 이와 밀치는 이
모두 얼굴이 일그러지고
울음이 터지고 울음 가득한 골목에까지
매운 가스 냄새 스미고

흘러 흘러 적금 깨고 대출받아

Half full of dark yellow liquid,
a plastic bottle props the head
a person curled like a fetus
I do not blame poverty

Images rebuilt from reality
make me feel lost
in failure
empty words

*

My father looks ready to join the protestors
My grandmother blocks his way outside, the street full of shouts
Those who push, those who block
face twisted
Tears break out, sorrow fills the alley
stinging gas, seeping in

On and on, savings spent, loans taken out,

밀린 돈 갚았다 부모뻘인 집주인은 파산했다
평생 모은 돈이 거기 있다

*

건널목에 있는 나무가 형편없이 잘려
엉망이 됐다 회사 텃밭에서
따온 고추를 된장에 찍어 먹었다 입안에
알알한 기운이 돌았다

overdues paid, landlord my father's age bankrupt

A life's savings gone

*

At the crossing a tree crudely pruned

left a mess, we picked peppers

from the company garden, dipped them in soybean paste

a tingling heat spread in my mouth

---

* Fit In or Fuck Off

SINA, <Soil II>, 297×210mm, charcoal on paper, 2025.

남쪽 생각

아버지는 거짓부렁을 줄줄 늘어놓았다.

명문고를 졸업했다고, 지방에 있는 공립 고등학교에 다녔으면서, 사실대로 말해도 부끄러운 학교가 아닌데, 어린 나는 아버지 옆에 앉아 컴퓨터 자판을 두드렸다. 아버지가 이력서를 가짜로 쓰는 걸 도왔다.

언제는 사람들에게 해병대를 나왔다고 한 적이 있다. 내게 당신 나이대의 기수(期數)를 물어 뻥을 쳤다. 고모는 아버지가 국군수도병원에 입원했을 때 매주 문병하러 갔다. 아버지는 선임들에게 집단 구타를 당하다가 하극상을 벌였고 만신창이가 됐다.

대학원 졸업장을 꾸며 회사에 내는 걸 보았고 주택 청약을 위해 불알친구 집에 위장 전입하는 걸 보았다. 아버지 주변에는 사람이 많았는데 그들 중 몇 명은 감옥에 다녀왔다. 엘리베이터 안에 붙은 시시티브이 화면 사진에는 거울을 깨부수는 낯익은 사람의 모습이 찍혀 있었다.

환갑이 넘은 아버지가 사돈이 며느리에게 물려준 경차에 대해 가타부타했다. 집 앞 사거리에서 사고가 났는데 경차 운전자가

Thinking of the South

Father keeps rattling off lies.

I was a child, typing beside him, helping write his fake resume. He said he graduated from an elite high school. It was just a local public school. It wasn't a shameful one, if the truth be told.

He once told people he was in the Marines. He asked me what platoon number someone his age would have had. He kept lying. My aunt had visited him every week at the Armed Forces Capital Hospital. Father had been beaten by senior soldiers. He fought back, his body broken.

I watched him forge a diploma for a job application. He did it again using the upscale address of his age-mate at birth to win a housing lottery. Among the many people around him, some had been to prison. A still image from CCTV, his familiar figure smashing a mirror appeared in the elevator.

Past sixty, Father complained about the small car his daughter-in-law's family had given her. Two-car accident near his home

사망했다는 얘기였다. 요지는 큰 차를 타야 한다는 거였다. 점점 아버지 목소리가 커지고 나는 수화기에 대고 이제 당신 아들이 아니라고 고함질했다.

고관절 수술을 한 할머니는 보행기를 밀고 다녀야 했다. 벌레들이 감나무 잎을 갉아 먹었다. 나는 예순에 떠난 외할머니의 꺼먼 눈을 닮았다. 어머니는 날마다 술이 지겹다고 하소연했고 부끄러움은 대를 이어 전해졌다.

당신이 티브이 앞에 앉아 소주를 마신다. 그러다 자전거 타고 승암산에 간다. 비탈에 서 있는 예수상 올려다본다.
밤비 내리고
죽어버린 아이들 어룽어룽하고

인제 와서 용서를 빈다고 해도 없던 일이 되는 것은 아니다.

아버지를 잃은 지 두 해가 된 친구가 아버지 얘기를 하다 눈물을 보였다. 그는 그토록 자기 아버지를 증오했는데……

내가 거짓부렁을 줄줄 늘어놓았다.

had killed the driver of the smaller car. His conclusion: "Drive a big car." His voice grew louder and louder, and I yelled into the phone: "I'm not your son."

After hip surgery, Grandmother had to push a walker. Persimmon leaves were chewed by bugs. I have my grandmother's dark eyes; she passed at sixty. Mother was tired of Father's drinking every day. The shame of generations.

You sit alone with the TV, drinking soju. Then you bike to Seungam Mountain, looking up at Jesus.
Night rain falls
Dead children shimmer

We can beg forgiveness now; it won't erase what happened.

A friend, two years fatherless, cried while talking about his father. He hated him so much······

I keep rattling off lies.

cigarettes after work

나의 영어 선생님은 새벽 다섯 시에 일어나 물류센터에 간다. 상하차 일로 번 돈을 전부 보육원에 보낸다.

내게 직업을 묻는 조카에게
이 세상엔 직업 없는 사람도 있다고 했다.

말로 벌어먹는 삶이 부끄러운 이유:
그것은 자꾸 나를 앞서고

바닥에 털썩 주저앉은 나를 너는 모르는 척하다 티셔츠를 잡아당긴다.
나는 무릎 사이에 고개를 박고

뭐 하냐고 물으면
아무것도 아니라고

생활관 뒤편에서 뺨을 맞은 적이 있다. 창고 정리를 제대로 하지 않았다는 이유였다.
그런 일쯤은 사소하다.

사람 형상의 표적을 향해 여러 발의 총알을 쏘았다.

cigarettes after work

My English teacher wakes at five, heads to the logistics center,
    sends all her pay to an orphanage.

My nephew asked what I do—
I said some people live without jobs.

Ashamed to feed myself with words:
they always outrun me

I, collapsed on the floor
you tug at my T-shirt, look away.
I fold into my knees

You ask what I'm doing
nothing, I say

I've been slapped behind the barracks, for mishandling the kit
    storage.
Counts as nothing.

I fired round after round at human-shaped targets.

나는 사람을 때린 적이 있다.

상한 이 뽑고
새 걸 박아 넣는 데 몇백만 원이 들었다.

이따금 교회 담장에 목매달려 발버둥질하는 개의 울음소리가 떠오른다.

내가 돌멩이로 생겨났다면

아무것도 물려주지 않아도 되는데

나와 닮은 아이는 욀 수 있는 가장 큰 수까지 그치지 않고 숫자를 센다.

왜 사람들은 높은 곳에서
아래를 내려다보는 것을 좋아할까.

대도시를 배경으로 기념사진을 찍는 사람들

I've hit someone before.

It cost thousands
to pull a rotten tooth, plant a new one.

At times I recall a dog, kicking at the end of a rope tied to a church wall.

Had I been born a stone

Nothing to pass on

A child who looks like me, counts and counts to the biggest number he can say.

Why do people love
to look down from above?

Taking selfies with the city behind them

끝없이 이어진 도로

영원을 맹세하는 밤

An endless road

One night promises forever

21세기 소년

어른들은 별로 착하지 않았다. 어떤 일에 실패하면 뿔뿔이 흩어지기 일쑤였다.

비슷한 처지의 아이들이 모여 있었고
그중 하나가 레고 블록을 입 속에 넣고 딱딱거렸다.

21세기를 살아가면서
누구나 한 번쯤 상실감에 빠지게 된다.
사랑이나 희망에 관한 이야기는
따분할 뿐이다.
몸서리치게
지긋지긋하게
두 짝의 나무토막이 부닥쳐
딱딱
딱

철장 앞에서
날아가 버린 새를 기다린다.
철장이 있던 자리에서
나는 늘 헐리고 되살아난다.

21st Century Boy

Grownups weren't all that kind. When something went wrong,
> they scattered.

Kids ganged up
One mouthed a Lego block clacking on teeth.

Living in the 21st century
everyone feels lost at times.
Love and hope stories
feel dull.
trembling
sick
wood block hits wood block—
clack
clack

In front of the cage
I wait for the bird that's gone.
Where the cage used to be
I'm torn down, rebuilt, again.

어머니는 내가 어떻게 태어났는지 자주 이야기하셨다.
배를 가르고 나왔다고

어젯밤 꿈에 죽은 사람이 나왔는데
빈티지 라탄 의자에 앉아 꾸벅꾸벅 졸고 있었다.
선생님, 안녕하세요. 잘 계시죠?

잘 지내지 않는 사람에게 잘 지내냐고 물으면
심술이 나서
꿈을 가르고 나올 것이다.

Mother used to tell me how I was born—
I cut through her belly.

In my dream last night a dead person appeared alive
nodding off in a vintage rattan chair.
Sir, hello? Are you alright?

When I ask a man who's not alright if he is,
he might get sulky,
cut through the dream and come out.

산정에서
—도라전망대

붕괴를 경험한 소년들은 살아남아야 한다는 각오로 총을 멘다
지독하게 외로울 때면
흥얼흥얼 노래 부르고

원혼이 떠도는 밀림에는
칼 한 자루처럼 내가 있고

삶을 팽이에 비유한 시인이 있다
살려면 돌아야 하고

누가 우리를 매질하는가 스스로 매질하게 하는가
생각하면 서러운 것인데

신문에 실린 북쪽 사람 이야기
앳된 얼굴의 전쟁 포로

거제 포로수용소에 갔을 때
전시관마다 조악한 디오라마가 놓여 있었다
그 앞을 지나면 총성이 시작되고

시 쓰지 않으니

Peak: Dora Observatory

The boy who loses everything to survive turns to the gun
When he feels all alone,
he hums nervously

Like a knife
I wander in the jungle of restless spirits

One poet who compares life to a spinning top——
To live, one must keep spinning

Who whips us, who makes us whip ourselves
with sorrowful thoughts?

A newspaper story
a young prisoner of war from the North, face still boyish

Geoje Island
crude POW camp dioramas in room after room
visitors startled by gunfire sounds

Another poet says

세상이 잘 굴러간다고 한 시인이 있다

메아리 돼 돌아오는
세상이여: 저렇게까지 조용한 세상은 참 없을 것이오

이 벽을 허무시오
이 벽을 허물어……

the world runs smooth when he stops writing

O world echoing back:
Never was a world this slience

Tear down this wall
Tear down this wall……

플래시

강둑에 삼삼오오 모여 앉은 아이들은 작년 겨울 국경을 넘었다. 그들의 가족은 시민 불복종 운동에 참여했다.
- 저기가 미얀마예요.
강가에서 숲을 바라본다.
바람을 등지고 있다.

*

아버지 모시고 임진각에 가면서 나는
- 저기가 북이에요.
자랑처럼 떠들다 문득
함경도 경성(鏡城)에서 왔다는 어르신 생각이 나
입을 다물었다.

Flash

Children sit together by the river. Last winter, they crossed the
 border. Their families joined the protest.
 —— That is Myanmar.
They look at the forest across the water.
The wind blows behind them.

*

On the way to Imjingak with my father, I say
 —— That is North Korea.
I speak with pride, but I remember
old man from Gyeongseong, Hamgyeong-do.
I stop talking.

국경에서

내가 사랑하는 피아니스트는 오래전에 죽었다

네 손은 쌀쌀해
손깍지 끼고 걸을 때 너는
손이 참 따듯하다며
맑게 웃었고 나는 하얗고
상냥한 손이 되었다

심장에 귀를 대면
살아 있음이
일렁이는 소리를 끌어안고 있다는 게
늘 신기해 나는
밤의 귀가 되었다

강변길을 거니는 동안

우리는 종종 엉망이 돼서

모난 돌멩이를 손에 쥐고
골똘해졌다

Border

The pianist I loved died long ago

Walking with clasped hands
your smile pure
your hands were cold
said mine were warm
my hands became kind, white

I listened to your heart speaking
thrilled
with life
living in soft sound
my ears became night

We walked by the river

lives often messy

holding sharp stones
deep in thought

무엇도 기다리지 않을 때까지

서로를 물끄러미 바라보며

nothing awaiting us

we looked at each other

변신
―서호(西湖)

해가 든다

높은 천장과 가없고 맑은 로비를 지나

한산한 전시실

나룻배가 강을 건너고 있다

노를 젓는 사공과 마주 앉은 두 사람

그리고 장의자에 앉은 두 사람

재생 재생되는 장면

우리가 몸을 섞을 때

그리하여 호수가 될 때

현대는 몰개성으로 연결된 시간대다

네가 날 끌어안고 입 맞춘 밤은 아주 오래전이지만

Metamorphosis: West Lake

The sun comes in

through the high ceiling and the poor, clear lobby

a quiet gallery

a rowboat crosses the river

two people sit across from the boatman rowing

two more on a long bench

scenes playing again again

our bodies intertwine

we become a lake

modernity is a time zone linked by lack of character

the night you held me and kissed me long ago

이리 온, 하고 부르면 어느새 이미 와 있다

높은 산과 그 아래 흐르는 강물

슬피 우는 소리로 네가

사랑한다고

계속 계속되는 낮과 밤

I call come here, you're already there

high mountains and a river flowing below

with a sorrowful cry you

whisper you love me

days and nights again again

풀과 바람

사랑해야지
모든 죽어가는 것을
사랑해야지
스물아홉 살 시인은
이국의 형무소에서
눈감고
나라는 해방됐는데
무엇으로부터 해방됐는지
아는 이 없고
바람이 자꾸 부는데
제국의 유령이 온 세계를 헤집고
강물이 자꾸 흐르는데
지식인들이 무능을 탓하고
마흔을 앞둔 시인이
이십오 미터 철탑에 오른 사람을
올려다보며
꺼졌다가 되살아나고
다시 사그라드는
불
불
깜빡이는 불빛 향해

Weeds in the Wind

I have to love

I have to love all

that is dying

a twenty-nine-year-old poet

closes his eyes

in a foreign prison

the nation is free

but no one knows

from what

wind keeps blowing

Empire's ghost sweeps across the world

river keeps flowing

intellectuals condemn failure

a poet near forty

looks up

a man on a 25-meter steel tower

flame dies, burns again

fading again

fire

fire

he waves

손 흔들고
자본 앞에 은밀히 무너지고
달아나고
달아나서
사랑을 잃고 시인은 쓰네
그 일이 있고
다 그만두려고 했어,
말하는 내가 있고
죽은 자는 억울해도 절대
돌아오지 않고
날이 밝고 너는 울고
더 울다가
어슬렁어슬렁
도시를 배회하고
또다시 날은 밝고
새 한 마리
포르르 날아가고
고독은 더 푸르다가
포르르
포르르
군함과 항공기가

at a flicker

falls before capital

runs

runs again

love lost, poet writes

after that

almost gave up

I remain

the dead never return

even when wronged

morning comes you cry

cry on

roam the city

ambling ambling

morning again

a bird

flutters

loneliness grows even bluer

flutter

flutter

warships and fighter jets

동아시아의
섬을
포위
포위했다.

surround

surround

an island

in East Asia.

SINA, <Soil III>, 297×210mm, charcoal on paper, 2025.

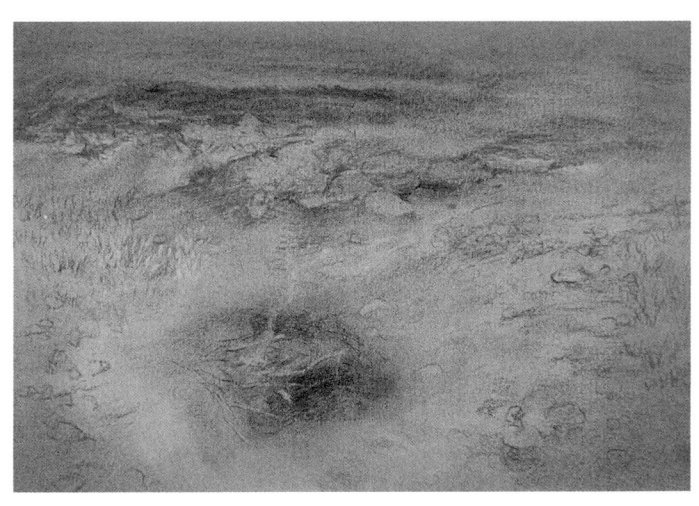

한 사람이

케이지 안에는 주인을 기다리는 개가 있다.

집이 맨발로 도망간다고 생각하니 두 조각으로 쪼개졌다.

가자시티에서 태어난 친구는 그동안 네 번의 전쟁을 겪었다.

스물다섯 살 때 라파(Rafah) 검문소를 지나 한국에 들어와 중고차 매매단지에서 일한다.

그가 폭탄이 수직으로 떨어지는 영상을 보여줬다.

어린이가 다른 어린이를 둘러업고 걷고 있었다.

말해야 하는 것을 말하기 위해 더 나은 삶을 위해

장벽을 향해 행진하는 사람들의 얼굴을 보았다.

무장한 이가 방아쇠를 당기고

혹독한 추위가 몸에 파고든다고 생각해 봐.

One Who

In its cage, a dog waits for its owner.

Thinking a house had run off barefoot, it cracked in two.

A friend born in Gaza City has lived through four wars.

At twenty-five, he crossed the Rafah checkpoint en route to
    South Korea, now working in a used car lot.

He showed a video, a bomb falling straight down.

A child carrying another, piggyback.

To say what must be said for a better life,

I saw the faces of people marching to the Wall.

Someone, armed, pulled the trigger.

Think of the cold piercing into a body.

죽는 날까지

나는 어디로 가야 합니까.

너는 널 잘 모르는구나 말하는 너

내가 죽어야 한다면 너는 살아서 내 이야기를 전해줘.*

원자력 발전소가 손상되었을 때 나는 밥을 먹고 있었다.

따지 않은 복숭아가 썩고 있다.

미라가 된 사람들: 레닌, 호찌민, 마오, 김일성, 김정일……

얼굴을 일그러뜨리며 우스꽝스럽게 웃는다.

어, 마음이 박살 났을 거야.

---

* Refaat Alareer(1979~2023)

until the day I die,

Where must I go?

"You don't know yourself," you say to me.

If I must die, you must live to tell my story.*

I was eating when the nuclear plant was being damaged.

Unpicked peaches rotting.

Mummified: Lenin, Ho Chi Minh, Mao, Kim Il Sung, Kim Jong Il······

My face twists, laughing like a fool.

Ah, my breaking heart.

———————————————
* Refaat Alareer(1979~2023)

낮의 꿈

네가 대로변에 서서 화를 냈다. 삼십 년을 지켜봤는데 변한 게 없다고 그럼 내 탓이라고
　너마저도 나를……
　너를 다신 보지 않겠다고 마음먹었다.

　한여름이었던 것 같아.
　땀을 뻘뻘 흘렸던 걸 보면

　아이들은 학교가 파하면 뒷산에 가서 놀거나 용두교 아래 개천에 내려가 물놀이했다.
　우뚝 선 보성아파트 굴뚝에서 연기가 피어올랐다.

　네가 나랑 같이 집에 가려고
　일부러 멀리 돌아간다는 걸 알고 있었다.

　동생은 내가 가고
　자기 버리고 살더니 고소하다고 했다는데
　내가 잘못 살았나.

　백로가 저수지의 고요를 가로지른다.

Daylight Dream

You shouted at the roadside. "No change in thirty years. Your fault," you said to me.
Even you……
I swore I'd never see you again.

Midsummer, maybe—
I was sweating.

After school, kids play in the hills or splash around under Yongdu Bridge.
Smoke rises from the tall chimney of Boseong Apartments.

You wanted to walk me home,
you took the long way—I knew.

My younger sister said I had it coming
because I left her.
I must have lived wrong.

An egret flies over the silent reservoir.

*

네가 대걸레를 들고 한 손으로 전화를 받는다.

그날은 앞이 보이지 않을 정도로
비가 많이 내렸다.

병원에서 내가 곧 죽는다고 하는데
죽기 전에 널 보고 싶어.

주차할 자리를 찾느라
병원 주차장을 돌고 또 돌았다.

근데 우리
참 오래 만나지 않았구나.

복수가 차는데 몰랐어?
나는 똥배인 줄 알았지.

*

One hand on the mop, you took the phone.

That day it poured.
You could barely see ahead.

My doctor tells me I'm going to die soon.
I want to see you again before then.

Around and around the lot
I searched for a spot.

But we
haven't seen each other in so long.

You asked if I knew about my swollen belly.
I thought it was just a potbelly.

*

  네가 어둑한 길에서 2인조 치한을 만나 구타당하고 코가 무너져 집에 전화했을 때
  너희 어머니는 네 잘못이라고 너를 탓했지. 네가 늦은 시간에 돌아다녀서 그런 거라고
  나도 어떤 개새끼한테 당했어. 골목 구석으로 나를 몰더니 가슴을 마구 주무르다 도망치더라.
  왜 너까지 그런 일을 겪어야 하는지
  믿기지 않는다.
  세상이

*

  너희 할아버지가 네 꿈에 흰 두루마기를 입고 나와 네게 작별 인사를 했다.

  나도 언젠가 네 꿈에 나와 죽는 게 무섭다고 하면 너는 어떻게 할래?

  사랑하는 사람들은 꿈에 내가 나타나면

*

You called home, your nose broken. Two men attacked you on a dim street.
Your mother blamed you—it was your fault for being out so late.
Some bastard got me, too. Cornered me in an alley, grabbed my breasts, and ran.
Why, you too?
I can't believe it.
This world

*

Your grandfather came to you in a dream, dressed in white hanbok, said goodbye.

What if someday I appear in your dream and say "I'm afraid to die," what would you do?

When I show up in the dreams of people who love me,

다들 화들짝 놀라
엉엉 운다.

*

잠자코 병상에 누워

네 쪽을 바라보고 있다.

나는 틀려먹었고

너는 내 부고를 뒤늦게 들을 것이다.

*

사진 속에서
우리는 구불구불한 소나무를 배경으로 서 있습니다.

단 한 사람을 사랑한 적도 없어요.
운명을 슬퍼한 적도 없어요.

they always startle,

then cry and cry.

*

From my sickbed

I quietly see you.

I was wrong,

you'll hear about my death too late.

*

In the picture
we stand facing a crooked pine.

I have never loved a person.
I have never pitied my fate.

나는 무대에서 춤을 춥니다. 무대 밖에서 춤을 춥니다. 너를 안고 춤을 춥니다. 네가 없을 때도 너를 안고 있는 듯이 춤을 춥니다.

*

네가 나를 부둥켜안고 젖을 물린다.

어쩜 딱하기도 하여라.

죽어버린 내게서 너를 보는구나.

I dance onstage. Offstage. With you in my arms. Even when you're gone, as if I were still holding you.

*

Clutching me, you nurse me.

How pitiful.

You look at yourself in me, already gone.

회복

너는 슬프지 않다고 하는데
몇 주 전 암 진단을 받았다 암세포가 림프샘에 전이된 상태다.

네 아버지는 이름난 연주자였다, 술에 취하면 너를 기절할 때까지 때렸다. 너는 가까스로 화장실에 들어가 문고리를 걸어 잠갔다.

나중에 엄마가 그러더라.
지나간 일이니 용서하라고
또 그러더라.
사촌에게 연락해 진단비가 얼마나 나오는지 알아보라고

오른쪽 눈에 대하여:
너는 오스트리아 빈에서 태어났다.
피를 모조리 다른 사람의 것으로 수혈해야 했다. 네 몸에는 모르는 사람들의 피가 흘렀다.
한쪽 눈이 보이지 않았다.

네가 돌봤던 아이들
한국어가 서툴렀던 이민자 2세들

Recovery

You say, "I'm not sad," but a few weeks ago you learned
you had cancer—already in your lymph nodes.

Your father, a famous musician. When drunk, he beat you until
your body gave out. You crawled into the bathroom and
locked the door.

Later, your mother would say,
"It's in the past—just forgive him."
She also said, "Call your cousin.
Ask the cost for a diagnosis."

About your right eye:
You were born in Vienna.
All your blood was replaced with someone else's. It flows through
your body.
Your single, unseeing eye.

The children you mothered—
second-generation, awkward in Korean—

한 번도 너희를 잊지 않았어.
너희 곁에 있을 수 있다면

네 오래된 악기는 집시의 것처럼 보통보다 조금 작고 까맣다.
너는 죽음을 두려워하며 네 삶을 망치고 싶지 않다고 했다.

첼로를 시작한 뒤로 나는 나를 인정할 수가 없었어. 졸업 연주회 마지막 여덟 마디를 남겨두고 손이 아파지더라.
얼마 전까지만 해도
그 무대가 마지막인 줄 알았어.

너는 천 년 된 은행나무 밑에서 하늘을 바라보고 있다. 큰 가지들 사이로 햇살이 쏟아지고

멍울이 자라는 게 느껴져.
사람들이 자꾸 내 꿈을 꾼대.

네가 왼쪽 눈을 꺼내 찬물에 씻는다.
잠깐 깜깜해질 테지만

네가 웃는다.

I never once forgot you.
If only I could be beside you.

Your old instrument, like a gypsy's, is a little smaller and darker than most. You said, "I feared death but didn't want to ruin my life."

Since I started cello, I haven't been able to face who I am. At my graduation recital, my hand started to hurt eight bars from the end.
I thought that would be my final performance.
Until recently.

You're standing under a thousand-year-old ginkgo tree, looking at the sky, sunlight pouring through its great branches.

I can feel the lump growing.
People say they keep dreaming about me.

You take out your good left eye and rinse it in cold water.
Everything will go dark for a moment.

You smile.

그래, 너는 항상 웃는 얼굴이었지.

Yes, your always-smiling face.

세계화

네가 들짐승처럼
신음하는 새벽
괜찮아
이제 괜찮아
등 쓰다듬는 새벽
B-2 스텔스 폭격기가
미사일 여러 발 핵 시설에
떨어뜨린 새벽

누굴 탓할 마음은 없습니다.
살아 있는 것
죄다 사는 모습
달라도, 우뚝 솟은 산
일렁이는 호수
얽히고설켜 고요히
높아지는 것

모든 것이 파괴된 후에도
내 사랑이 끝나는 건 아닙니다.

Globalization

At dawn,
you moan like a wild beast.
At dawn, I stroke your back.
It's okay.
Now, it's okay.
At dawn,
a B-2 stealth bomber
drops missiles on a nuclear plant.

I blame no one.
Being alive,
each life is a unique
weaving.
A mountain tall
a rippling lake
rise quiet.

After all is destroyed,
my love remains.

SINA, <Soil IV>, 297×210mm, charcoal on paper, 2025.

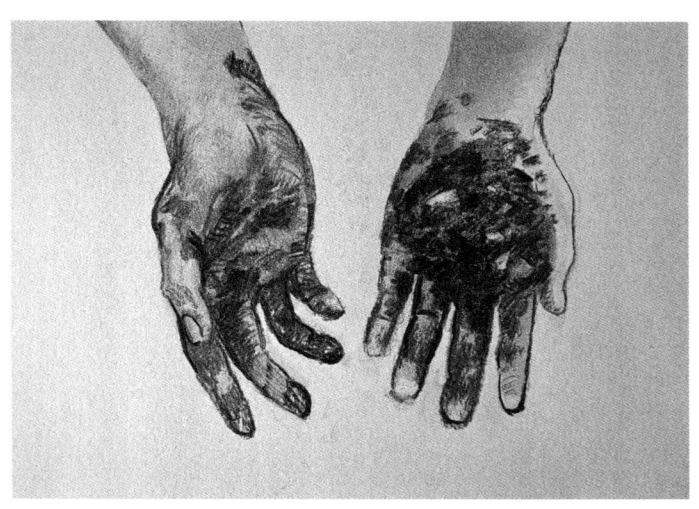

추천의 말

  시인들은 삶의 의미를 관찰하고 경험하면서 그 의미에 대한 진실을 예리한 언어로 투영한다. 그 언어는 창작자의 마음속 깊은 곳과 바깥에서 솟아나고, 시인 각자에게 주어진 모국어 안에서 표현된다. 생각이 맑고 순수하다면 번역 과정에서도 잃어버리는 것은 아무것도 없을 것이다. 영어로 번역된 최지인의 시를 읽으면서 내가 받은 인상이 바로 그렇다. 이 시들은 어떤 세대의 한국인 독자에게도 그의 예술적 진정성을 의심케 하지 않을 것이다. 서른다섯 살에 이 시집을 출간한 최지인은 보통 나이 많은 시인에게서나 느낄 수 있는 자신감으로 시를 쓴다. 나이 지긋한 한국인들은 그의 시에서 한국적 정서의 정수인 '한'을 발견하고 고개를 끄덕일 것이다. 한은 그 의미의 지평이 한국의 큰 강 이름과 한국인들이 자신의 민족을 일컫는 이름을 모두 아우르는,

Afterword

Poets use keen language to project truth about the meaning of life as they observe and experience it. The language wells from within and outside of the creator's mind in a native tongue each is given in which to express it. If the thoughts are pristine, then nothing will be lost in translation. That's the impression from Choi Ji-In's Korean poems, here in English translation. No doubt of his artistic authenticity should accompany their encounter with Koreans of any age. Ji-In, 35 at the time of their publication, writes with the confidence more often found in older poets. Older Koreans will nod their heads in recognition of quintessential *Han* in his imagery and historical referents. *Han*, with horizons of meaning that include the name of Korea's

한국인에게는 가장 중요한 단어다. 이 단어는 영어가 그 의미를 축소해 표현하려는 시도를 무력하게 만든다. 민주화라는 자기 해방의 격변 이후 태어난 세대에게는 그 무게가 옅어졌지만, 내가 그의 시를 읽을 때 마음속에 자리하는 독특한 자각을 이보다 잘 담아내는 단어는 드물다. 그 시들은 시를 사랑하던 나의 뿌리와 기억을 다시 이어준다. 그 안에는 아이러니와 성실함이 함께 자리한다. 이 시들을 읽으며 해방되는 감각과 되살아나는 기억의 홍수 속에 잠기려면 어느 정도 나이를 먹어야 할 것이다. 그렇다면 나이 들어간다는 건 나쁜 일은 아니다. 그의 시적 성취는 기다릴 만한 가치가 있다.

2025년 10월

잭 라지(인류학자, 언어학자)

great river, and its people's name for themselves, is the most meaningful single word for them. It defeats the ability of English to reduce it. To generations born after the self-liberating upheaval of Democratization, it means less. Yet few words encompass better the singular awareness that settles on me as I read these poems, connecting me with memories of my poetry-loving roots. Irony and sincerity coexist therein. If it is necessary to age some before immersion in the flood of sensation and recall liberated as I read them, then aging is not a bad thing. Their artistry is worth the wait.

October 2025

Jack Large (Anthropologist, English Linguist)

애경 라지

미국 K12 공립학교 영어 과목과 ESL 교사 자격증을 취득한 다재다능한 교육자로서 경기도 영어마을 교육 과정 기획팀의 일원으로 활동했다. 다양한 프로젝트에 통번역가로 참여했으며 기후 위기와 난민을 주제로 한 세미나와 클래스를 진행해 왔다. 몰두와 모험심을 바탕으로 삶과 일을 병행하고 심층적인 연구와 끈기 있고 단호한 실행으로 다양성을 창출하며 살고 있다.

Had I Been Born a Stone
내가 돌멩이로 생겨났다면

특별판 발행 / 2025년 10월 20일

지은이 / 최지인
옮긴이 / 최지인
펴낸이 / 박인애
국문 편집 / 박인애
영문 편집 / 애경 라지
조판 / 콩보리
펴낸곳 / 구름바다
등록 / 2017년 10월 31일
주소 / 경기도 파주시 노을빛로 109-1, 301
전화 / 031-8070-5450
전자우편 / freeinae@icloud.com

ⓒ 최지인 2025
ISBN 979-11-92037-16-5 03810

· 이 책은 경기도, 경기문화재단의 지원을 받아 발간되었습니다.
· 이 책 내용의 전부 또는 일부를 재사용하려면
  반드시 저작권자와 구름바다 양측의 동의를 받아야 합니다.
· 책값은 뒤표지에 표시되어 있습니다.